Adel und edle Steine

Felix & Theo

Adel und edle Steine

Langenscheidt

Berlin·München·Wien·Zürich·New York

Leichte Lektüren
Deutsch als Fremdsprache in drei Stufen
Adel und edle Steine *Stufe 1*

Dieses Werk folgt der neuen Rechtschreibung
entsprechend den amtlichen Richtlinien.

© 1993 by Langenscheidt KG, Berlin und München
Druck: Stürtz GmbH, Würzburg
Printed in Germany
ISBN 978-3-468-49685-1

07083

„Adel verpflichtet" (A. v. G.)

Die Hauptpersonen dieser Geschichte sind:

Helmut Müller, Privatdetektiv. Er lernt bei diesem Fall Leute aus der Münchner Schickeria kennen.

Bea Braun, Müllers Sekretärin. Sie wollte schon immer mal feine Leute kennen lernen. Hat sie diesmal Glück?

Maria Hintersberger, Müllers Jugendliebe. Manchmal kreuzen sich ihre Wege, aber zu einem gemütlichen Abend reicht die Zeit nie.

Clothilde Krumm, begabte und beliebte Goldschmiedin und Künstlerin. Eine Vernissage ihrer Werke zieht die Münchner Schickeria an.

Florian Quarz, Kunstmäzen und Börsenspekulant. Seine Parties und Feste sind ein „Muss" der Münchner Szene.

Das Hotel „Bayerische Jahreszeiten" hat fünf Sterne und ist das beste und teuerste Hotel Münchens. Der Hausdetektiv hat diesmal keine Freude an seiner Arbeit.

Florian Quarz
gibt sich die Ehre,
Sie herzlich einzuladen zur
Vernissage

ZEITLOS
AUS STEIN UND METALL

*Schmuckstücke und Edelstein-Collagen
von Clothilde Krumm*

*Schirmherrin
Majestät Prinzessin Stephanie von Luxemburg*

*am Samstag, 3. Dezember, 20 Uhr
im Hotel Bayerische Jahreszeiten
München*

1

München, Donnerstag, 1. Dezember

„Wunderbar, wunderbar, Frau Hintersberger, sehr gut, die Einladungskarte gefällt mir. Sehr elegant, vornehm, diskret. Doch, doch, ich bin zufrieden. Wie laufen sonst so die Vorbereitungen?"

Der Kunstmäzen und Börsenspezialist Florian Quarz ist sehr zufrieden. Er sitzt in einem bequemen Ledersessel in seinem Büro und unterhält sich mit Maria Hintersberger. Diese Dame wurde ihm von einem Bekannten aus dem bayerischen Adel empfohlen als hervorragende Organisatorin von Veranstaltungen, Festen und Kunstausstellungen. Sie soll die nächste Vernissage vorbereiten. Diesmal muss alles besonders gut laufen. Die Preise für Kunstobjekte sind sehr gestiegen. Deshalb muss dieses Mal auch ein bisschen Show mit dabei sein. Frau Hintersberger hat ihm ein wunderbares Programm zusammengestellt. Bekannte Künstler werden für die Unterhaltung sorgen. Außerdem hat es Maria Hintersberger geschafft, eine königliche Schirmherrschaft zu organisieren, die persönlich die Vernissage eröffnen wird.

8

„Alle Vorbereitungen laufen planmäßig, Herr Quarz. Allerdings muss ich Sie bitten, mir noch einen weiteren Vorschuss von 100.000 € zu geben. Die ersten 100.000 € sind praktisch verbraucht. Die Künstleragenturen wollen Garantiehonorare im Voraus, das Hotel „Bayerische Jahreszeiten" will ebenfalls für die Zimmerreservierungen und die Saalmiete eine Vorauszahlung. Außerdem muss ich eine ganze Reihe Flugtickets für unsere Ehrengäste kaufen."

„In Ordnung, Frau Hintersberger. Wie steht's denn mit der Liste der Ehrengäste? Haben wir schon Zusagen von den wichtigsten Leuten?"

„Ja, Herr Quarz, alles läuft gut. Der Oberbürgermeister hat zugesagt, die Vorsitzenden der großen Parteien kommen, wir haben eine Reihe von Vertretern der Wirtschaft, natürlich auch Schauspieler, Musiker, Galeristen und so weiter. Insgesamt über 200 Gäste."

„Und die Prinzessin Stephanie von Luxemburg kommt auch wirklich?"[1]

„Natürlich, Herr Quarz. Allerdings will sie 50.000 € Honorar. Aber das ist eine gute Investition. Die Presse ist ebenfalls schon informiert. Alle Münchner Zeitungen warten auf Stephanie. Dazu machen wir noch ein Exklusivinterview mit einer Illustrierten. Der ‚Regenbogen' will uns 40.000 € dafür bezahlen."

„Wunderbar, wunderbar. Ich hoffe nur, dass sich diese Investition auch lohnt. Bitte informieren Sie mich weiter täglich. Ach, hier ist der Scheck über 100.000 €. Bitte seien Sie so freundlich und unterschreiben bei meiner Sekretärin die Empfangsbescheinigung."

„Selbstverständlich, Herr Quarz. Sonst noch etwas?"

„Nein, vielen Dank, das ist alles. Bis morgen also. Auf Wiedersehen, Frau Hintersberger."

„Auf Wiedersehen, Herr Quarz."

Auch Maria Hintersberger ist zufrieden. Der Plan funktioniert hervorragend. Es war nicht einfach, ein gutes Empfehlungsschreiben zu fälschen und an diesen Quarz zu schicken. Schließlich musste sie Referenzen angeben, Namen und Adressen von früheren Auftraggebern. Aber alles hat gut funktioniert. Florian Quarz hat Vertrauen zu ihr und hat ihr schon 200.000 € gegeben. Etwas von diesem Geld muss sie natürlich ausgeben. Aber nur sehr wenig. Den Rest wird sie selbst behalten. Und das Honorar für die Stephanie von Luxemburg dazu. Und das Geld für das Exklusivinterview ebenfalls. Denn diese Stephanie wird gar nicht kommen. Und das Interview wird es auch nicht geben.

Jetzt muss Maria noch zwei Tage weiter so tun, als sei sie wirklich eine Organisatorin von Vernissagen, damit der Quarz keinen Verdacht schöpft. Dann muss sie noch die Clothilde Krumm treffen und den Transport von den Schmuckstücken organisieren. Aber diese Schmuckstücke werden nicht ins Hotel „Bayerische Jahreszeiten" gebracht, sondern per Express nach Singapur geschickt. Maria freut sich schon auf die Gesichter der Ehrengäste, wenn die Vernissage eröffnet wird und kein Schmuck da ist, keine Stephanie von Luxemburg und natürlich keine Maria. Schade, dass sie nicht dabei sein kann. Der Flug nach Singapur ist bereits reserviert, das Flugticket gekauft, ein falscher Pass organisiert.

2

Berlin, 1. Dezember

Der Privatdetektiv Helmut Müller sitzt mit seiner
Sekretärin vor dem automatischen Anrufbeantworter in
seinem Büro. Seit einer halben Stunde versuchen beide,
einen Text auf das Band zu sprechen.

„Nein, Chef, das ist zu lang, was Sie da sagen wollen. So
eine Ansage muss kurz und informativ sein. Zum Beispiel
können wir sagen: ‚Hier ist die Nummer 235 45 45 in
Berlin. Wir sind nicht da. Sprechen Sie jetzt.‘ Wie finden
Sie das?"

„Das klingt aber sehr unhöflich. Wir sollten beginnen mit einem Satz wie ‚Hier ist die Detektei Müller. Wir bedauern sehr, dass unser Büro zur Zeit nicht besetzt ist, da wir beruflich unterwegs sind!' Na?"

„Aber Chef, dass das Büro nicht besetzt ist, merkt doch der Anrufer, wenn er den Anrufbeantworter hört. Das braucht man doch nicht extra zu sagen. Und warum wir nicht da sind, geht doch niemanden etwas an."

„Aber irgendetwas müssen wir doch sagen, Bea!"

Schließlich einigen sich die beiden auf folgenden Text, den Bea dann auf den Anrufbeantworter spricht:

„Detektei Müller. Bitte hinterlassen Sie eine Nachricht. Wir rufen zurück."

Müller ist nicht zufrieden. Aber er will nicht mit Bea Braun streiten. In solchen Dingen weiß sie besser Bescheid als er. Und wichtiger als dieser dumme Apparat ist die Reise nach München. Er hat den Auftrag bekommen, eine Vernissage von wertvollen künstlerischen Schmuckstücken und Edelstein-Collagen zu überwachen. Bea Braun und er müssen die Einladungen überprüfen, die Gäste unauffällig kontrollieren und natürlich aufpassen, dass keine Ausstellungsobjekte verschwinden. Bea ist ganz aufgeregt, weil bei dieser Vernissage bekannte Künstler und berühmte Leute aus Wirtschaft und Politik anwesend sein werden und außerdem auch Stephanie von Luxemburg, Ihre Majestät Prinzessin Stephanie von Luxemburg!

Den Auftrag hat die Detektei Müller von einem Münchner Kollegen vermittelt bekommen. Es ist ein Auftrag für einen Tag und eine Nacht und sehr gut bezahlt. Morgen fliegen beide nach München. Übermorgen früh haben sie den ersten Termin im Hotel „Bayerische Jahreszeiten". Dort werden sie mit dem Direktor und dem Hoteldetektiv sprechen und den Sicherheitsplan erstellen. Morgen früh muss Müller zu einem Kostümverleih, um sich einen Smoking auszuleihen. Bea Braun wird sich ein kleines schwarzes Kostüm kaufen, um sich so unauffällig unter die Gäste zu mischen.

„Also, Bea, wir treffen uns morgen um 12 Uhr 20 am Flughafen, direkt am Lufthansa-Schalter für den Flug nach München. O.K.?"

„O.K., Chef, bis morgen."

3

München, Freitag, 2. Dezember, 10 Uhr

Das Atelier der Künstlerin Clothilde Krumm liegt in einer Seitenstraße der Leopoldstraße im Münchner Stadtteil Schwabing². Maria Hintersberger nimmt den Fahrstuhl und steigt im Dachgeschoss aus. Sie klingelt und Clothilde Krumm öffnet die Tür.

„Hallo, Frau Krumm. Mein Name ist Hintersberger. Ich organisiere die Vernissage morgen Abend im Hotel ‚Bayerische Jahreszeiten'. Ich habe Sie gestern angerufen, erinnern Sie sich?"

„Oh, ja, natürlich. Maria heißen Sie, nicht wahr? Ich bin Clothilde, sagen Sie doch Clothi zu mir. Meine Freunde nennen mich alle Clothi. Kommen Sie rein."

Das Atelier ist sehr groß. Im Dach sind riesige Fenster, die viel Licht in das Atelier lassen. Überall stehen kleine Skulpturen, halbfertige Schmuckstücke, Metall- und Edelsteincollagen.

„Wunderschön haben Sie es hier, Clothi. Ein herrliches Atelier. Ich bewundere Ihre Arbeiten. Wirklich herrlich, Ihre Sachen."

Während sich Maria Hintersberger mit der Künstlerin unterhält, schaut sie sich gründlich im Atelier um. Die Ausstellungsobjekte sind zum Teil schon verpackt, einige stehen noch in Regalen oder liegen auf einem kleinen Marmortisch. Schließlich sagt Maria:

„Also, Clothi, morgen früh komme ich persönlich mit einem Transporteur, um die Objekte abzuholen. Wir packen das Ganze in Spezialkisten und bringen alles ins Hotel ‚Bayerische Jahreszeiten'. Ich kümmere mich persönlich um die Organisation und den Aufbau der Ausstellung. Und jetzt kommt das Beste: Bis zur Ausstellungseröffnung am Abend werden wir alle Objekte mit weißen Tüchern zudecken, damit niemand die Kunstwerke vor der Eröffnung der Vernissage sieht. Stephanie von Luxemburg wird dann eine kleine Rede halten, dann spricht Florian Quarz einige Worte und schließlich werden die Objekte enthüllt. Na, wie finden Sie die Idee?"

„Ach, einfach großartig. Wirklich sehr originell. Ich freue mich riesig auf morgen. Bis dann, meine Liebe, tschüss, bis morgen früh."

4

Samstag, 3. Dezember
Als Helmut Müller und Bea Braun im Hotel „Bayerische Jahreszeiten" ankommen, ist es 12 Uhr. Das Gespräch mit dem Hoteldirektor und dem Hoteldetektiv dauert eine knappe halbe Stunde. Der Hoteldetektiv erklärt den beiden anschließend, in welchen Räumen die Vernissage stattfinden wird. Dann überprüfen sie die Gästeliste, die ihnen der Hoteldirektor gegeben hat. Als Müller nach den Exponaten fragt, antwortet der Hoteldetektiv:

„Die Ausstellung wurde schon heute früh von der Organisatorin persönlich aufgebaut. Sie hat auch den Transport hierher betreut. Eine sehr fleißige und sympathische Dame. Als besonderer Effekt wurden die Schmuckstücke alle mit weißen Tüchern bedeckt, so dass die Kunstwerke erst bei der Eröffnung besichtigt werden können."

„Und? Haben Sie die Sachen gesehen?", fragt Bea Braun neugierig.

„Nein, nein. Das lief alles ganz diskret ab. Niemand von uns hat die Schmuckstücke gesehen. Das wurde alles ganz phantastisch von der Organisatorin abgewickelt."

„Na, dann haben wir ja bis heute Abend nichts zu tun", sagt Müller. „Wir könnten ja ein bisschen in der Stadt spazieren gehen. München ist in der Vorweihnachtszeit immer besonders schön."

„Prima Idee, Chef. Ich muss auch noch ein Geschenk für meine Mutter kaufen. Vielleicht finden wir was auf dem Christkindlmarkt[3] am Marienplatz."

„Einen Moment noch, meine Kollegen. Wir sollten kurz den Zeitplan für heute Abend durchsprechen. Außerdem fände ich es gut, wenn Sie kurz mit der Organisatorin sprechen würden. Ich habe sie heute Vormittag informiert, dass Sie mit der Überwachung der Ausstellung betraut sind. Hier ist die Telefonnummer von ihrem Büro." Der Hoteldetektiv gibt Müller eine Visitenkarte.

Auf der Rückseite steht in Handschrift eine Telefonnummer: 24 25 56.

Müller steckt die Visitenkarte in seine Jacke. Dann sprechen die drei über den Zeitplan des Abends. Bea Braun macht sich kurze Notizen.

Als Müller und Bea Braun das Hotel verlassen, ist es genau 13 Uhr. Bis zum Arbeitsbeginn haben sie noch vier Stunden Zeit.

5

Samstag, 3. Dezember, 15 Uhr

Bea Braun ist begeistert vom Münchner Christkindlmarkt. Der ganze Marienplatz steht voller kleiner Buden, die Christbaumschmuck verkaufen. Es gibt auch Stände mit Spezialitäten aus verschiedenen Regionen Süddeutschlands und Österreichs, sogar aus Südtirol[4] sind einige Händler angereist. Überall riecht es nach Weihnachtsgebäck und Glühwein. Tausende von Menschen, die hier ihre Weihnachtseinkäufe machen, schlendern durch die kleinen Gassen. Helmut Müller und Bea Braun kaufen etwas Gebäck und machen eine kleine Pause an einem Stand, an dem es auch etwas zu trinken gibt.

„Ach, übrigens, Chef, haben Sie diese Organisatorin angerufen?"

„Wen? Ach, die Organisatorin … Nein, habe ich vergessen. Mist. Wo habe ich denn die Visitenkarte … Ah, hier. Haben Sie einige Zehncentstücke, Bea?"

Müller und Bea gehen zu einer Telefonzelle. Der Detektiv nimmt den Hörer ab und wählt.

„Komisch", sagt er zu Bea. „Hintersberger hieß eine Jugendliebe von mir. Wir haben zusammen hier in München studiert. Allerdings wählte sie dann einen anderen Beruf als ich. Sie wurde zu einer international gesuchten Diebin und Betrügerin. Erinnern Sie sich, Bea, ich habe sie mal im Flugzeug von Berlin nach München getroffen. Anschließend hat sie in dem Hotel, in dem ich wohnte, die Brillanten einer Opernsängerin gestohlen. Das gab vielleicht Ärger. Selbst die Polizei glaubte, ich hätte mit ihr zusammengearbeitet. Oh, Maria …"[5]

Am anderen Ende der Leitung hört Müller nur ein TUUT –
TUUT – TUUT.

„Wie spät ist es, Bea?", fragt Müller.
„Wie spät? Es ist jetzt Viertel nach drei, Chef. Wahrscheinlich ist Frau Hintersberger unterwegs zum Flughafen, um
die Stephanie abzuholen. Wir müssen jetzt sowieso ins Hotel. Umziehen, alles vorbereiten, und dann ist ja um 19 Uhr
die Pressekonferenz."
„Hm, ja, ja, Sie haben Recht. Außerdem gibt es sicherlich
viele Frauen, die ‚M. Hintersberger' heißen. Marta, Mag-
dalena, Myriam, Mathilde … Trotzdem, ich will sicherheits-
halber mal Herrn Quarz anrufen. Der hat ja die Dame engagiert. Haben Sie die Telefonnummer zur Hand?"
Bea gibt ihm die Nummer.
„Tag, Herr Quarz, mein Name ist Müller. Ich bin der Privatdetektiv, der die Veranstaltung heute Abend überwacht.
Entschuldigen Sie, äh …, eine Frage: Kennen Sie Frau Hintersberger gut? Ja, ja … Wie? Natürlich, Referenzen, Zeugnisse, alles in Ordnung … ja, ja … Können Sie sie mir kurz
beschreiben, Äußeres, Haare, Größe … Aha, … nein … nein,
nur eine reine Sicherheitsüberprüfung …, und wie heißt sie
mit Vornamen? … Ja, ja, vielen Dank, auf Wiederhören,
Herr Quarz. Und entschuldigen Sie die Störung."
Müller geht aus der Telefonzelle. Er ist jetzt sehr nervös.
„Bea, hier stimmt etwas nicht. Die Beschreibung, die mir
Herr Quarz gegeben hat, passt genau auf Maria. Und die
Dame heißt auch Maria mit Vornamen. Er sagt zwar, dass
sie ausgezeichnete Zeugnisse hat und Referenzen von ihm
persönlich bekannten Herrschaften aus dem bayerischen
Adel, aber ich weiß nicht, ich weiß nicht, solche Zeugnisse
kann man fälschen."

„Dann sollten wir jetzt zwei Sachen machen, Chef. Erstens die Flughafenpolizei anrufen. Vielleicht ist die Hintersberger schon am Flughafen, um Stephanie von Luxemburg abzuholen. Zweitens rufen wir den Hoteldetektiv an, dass er die Ausstellung bewacht. Dann kann doch nichts passieren, oder?"

Müller ist einverstanden. Sie rufen am Flughafen an, aber dort weiß man nichts von der Ankunft einer Prinzessin.

„Wahrscheinlich reist sie incognito", sagt Bea.

„Also, Bea, wir ändern unseren Plan. Ich fahre zum Flughafen, und Sie gehen ins Hotel. Wir treffen uns dann um 19 Uhr im Ballsaal. Vielleicht ist es ja wirklich nur ein Zufall, dass die Organisatorin so ähnlich aussieht wie Maria. Aber sicher ist sicher. Ich versuche sie am Flughafen zu treffen. Bis später!"

6

Samstag, 3. Dezember, 16 Uhr

Am Flughafen geht Müller zur Ankunftshalle und schaut auf den Monitor, der die landenden Flugzeuge anzeigt. Gerade ist eine Maschine aus Paris gelandet, um 16 Uhr 20 kommt ein Flugzeug aus London, dann noch ein verspäteter Flug aus Mailand. Müller schaut sich unter den wartenden Menschen um. Nichts. Keine Maria weit und breit. Er beschließt, zum Informationsschalter in der Abflughalle zu gehen.

„Entschuldigen Sie, könnten Sie mir bitte helfen? Ich bin mit jemandem verabredet und kann die Person nicht finden. Vielleicht könnten Sie sie ausrufen lassen? Es handelt sich um eine Dame mit Namen Maria Hintersberger."

„Selbstverständlich. Einen Moment, bitte", sagt die junge Frau am Informationsschalter. Kurz darauf hört Müller eine Stimme aus dem Lautsprecher: „Frau Maria Hintersberger, bitte melden Sie sich am Informationsschalter der Lufthansa in der Abflughalle. Frau Hintersberger, bitte!"

Als Maria ihren Namen hört, erschrickt sie. Sie steht in der Schlange vor der Passkontrolle. Bisher hat doch alles prima geklappt. Als sie heute Vormittag den Anruf des Hoteldetektivs erhielt, glaubte sie schon, dass alles verloren sei. Er sagte ihr, dass sie sich mit dem Detektiv, der mit der Überwachung der Ausstellung beauftragt ist, treffen müsse. Als sie dann den Namen hörte – Helmut Müller aus Berlin – , war sie alarmiert. Ausgerechnet Helmut, ihr alter Freund von früher. Sie musste unbedingt verhindern, dass sie sich treffen. Sie beschloss, zwei Stunden früher als geplant zum Flughafen zu fahren. Und jetzt dieser Aufruf. Sicher ist es Helmut, der versucht, sie zu finden. Nervös reicht sie dem Zollbeamten ihren Ausweis. Der Beamte schaut gleichgültig und gelangweilt in den Pass.

„Ihre Bordkarte, bitte!"

„Oh, Entschuldigung, hier, bitte!"

„In Ordnung, Frau Berger. Guten Flug!"

Erleichtert geht sie weiter. Der Beamte hat nicht gemerkt, dass der Pass gefälscht war. Jetzt heißt sie Maria Berger und fliegt als Touristin nach Singapur. Sie hat es geschafft.

Müller wartet am Informationsschalter. Nach zehn Minuten gibt er auf. Er fährt zum Hotel „Bayerische Jahreszeiten". Dort trifft er Bea und den Hoteldetektiv. Zusammen gehen sie in den Ballsaal. Dort sind schon die Journalisten und Fotografen. Alle warten gespannt auf die Prinzessin. Herr Quarz ist ganz nervös und schaut dauernd auf die Uhr. „Wo bleiben die beiden Damen nur? Die sollten doch längst hier sein. Ich verstehe das nicht. Bisher hat alles perfekt geklappt. Die müssen jetzt einfach kommen!"

Auch Müller und Bea sind jetzt nervös. Schließlich beschließt Müller, mit dem Hoteldetektiv in den Ausstellungsraum zu gehen. Müller hat einen schrecklichen Verdacht. Der Hoteldetektiv schließt den Raum auf. Müller geht an den ersten Tisch und hebt das Tuch hoch. Dann wird sein Gesicht ganz weiß.

„Oh Gott, das darf nicht wahr sein! Das hier ist ganz
billiger Christbaumschmuck[6]!"
Sie decken alle anderen Tische ab. Überall Christbaumschmuck, Plastikkugeln, Lametta, einige Krippenfiguren
„made in China", sonst nichts.
Sie gehen aus dem Raum und suchen Herrn Quarz. Er steht
bei den Presseleuten und unterhält sich mit einigen Repor-
tern. Müller geht zu ihm.
„Herr Quarz, einen Moment, bitte, kann ich Sie kurz
sprechen? Es tut mir leid, Ihnen mitzuteilen, dass Sie auf
eine Betrügerin hereingefallen sind. Der gesamte Schmuck
aus der Ausstellung ist verschwunden. Ich glaube, dass Sie
nicht mehr auf Frau Hintersberger zu warten brauchen.
Sicher kommt auch keine Stephanie von Luxemburg."

Tja, und so war es auch. Die Pressekonferenz wurde abge-
sagt, die Vernissage fiel aus, und München hatte seinen vor-
weihnachtlichen Skandal. Maria Hintersberger war schlau-
er als alle anderen und saß bereits im Flugzeug nach
Singapur, um dort die Kisten mit den echten Schmuckstücken abzuholen.

Berlin, 10. Dezember

Heute erhielt Müller einen Brief aus Singapur. Er öffnete ihn und las:

Lieber Helmut,
beihnahe hättest du mir alles kaputt gemacht. Ich habe
erst am letzten Tag erfahren, dass der Privatdetektiv,
den Quarz engagiert hatte, Helmut Müller heißt.
Da musste ich schnell handeln. Ich hätte zu gerne
die Gesichter gesehen, die die Schickeria von München
gemacht hat, als die Vernissage ausfallen musste.
Der Artikel in der "Süddeutschen Zeitung" war
köstlich.
Na, vielleicht sehen wir uns ja ein andres Mal wieder...

Alles Liebe!

Deine Maria

P.S. Ich empfehle dir, diesen Brief nach der Lektüre
zu verbrennen. Sicher ist sicher.

M.

ENDE

Landeskundliche Anmerkungen

1 Alle Namen und Personen in dieser Geschichte sind frei erfunden.

2 Schwabing ist ein Stadtteil im Norden von München. Dort lebten früher viele Künstler. Heute gibt es in diesem Viertel rund um die Universität viele Kneipen.

3 Der Münchner Christkindlmarkt beginnt am ersten Advent und dauert bis zum 24. Dezember. Der größte Markt ist am Marienplatz im Zentrum von München, aber auch viele andere Stadtteile haben eigene Märkte.

4 Südtirol: An Österreich grenzende Provinz Italiens. In vielen Städten und Dörfern dieser Alpenregion spricht man Deutsch.

5 „Oh Maria…" ist der Titel eines anderen Falls von Helmut Müller in der Reihe: Leichte Lektüren (Stufe 1).

6 In Deutschland wird der Christbaum von Region zu Region unterschiedlich geschmückt: Die Tanne oder Fichte wird am häufigsten mit bunten Glaskugeln, Kerzen und Lametta (goldene oder silberne Metallfäden) behängt. Manche Familien hängen aber auch Äpfel, Nüsse und Strohsterne an den Baum.

Übungen und Tests

1. Warum hat Herr Quarz Frau Hintersberger engagiert?

a) Sie ist die Schirmherrin.
b) Sie ist die Künstlerin.
c) Sie ist Reporterin bei der Illustrierten „Regenbogen".
d) Sie ist spezialisiert auf Ausstellungsorganisationen.
e) Sie stammt aus dem bayerischen Adel.
f) Sie hat Empfehlungsschreiben von Freunden von Quarz.

Was muss Frau Hintersberger alles organisieren? Lesen Sie
noch einmal das Gespräch zwischen Maria Hintersberger
und Florian Quarz und machen Sie eine Liste!

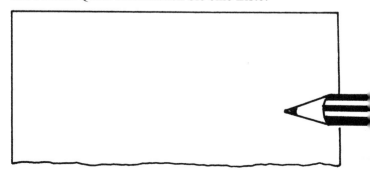

Wie wir jetzt schon wissen, ist Maria Hintersberger eine Betrügerin. Bis zu ihrer Flucht muss sie aber noch viel erledigen. Können Sie sich Notizen dazu machen?

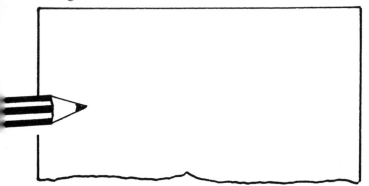

2. Müller und Bea Braun haben Probleme mit dem Anrufbeantworter. Fällt Ihnen ein besserer Text ein?

Was genau sind die Aufgaben von Helmut Müller bei diesem Auftrag?

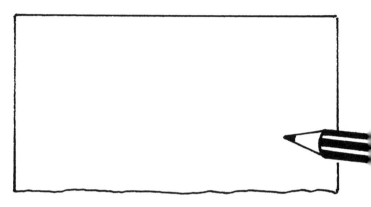

3. Maria Hintersberger schlägt vor, dass die Ausstellungsobjekte mit weißen Tüchern zugedeckt werden. Können Sie sich vorstellen, warum?

4. Die Visitenkarte von Frau Hintersberger ist unvollständig. Was fehlt?
Können Sie sich vorstellen, warum?

M. Hintersberger

Ausstellungen · Feste
Veranstaltungen

München · Paris · New York

5. Schauen Sie sich die Zeichnung an. Können Sie die fünf Gegenstände finden, die man nicht auf dem Münchner Weihnachtsmarkt kaufen kann?

6. Auf welchen Namen ist die Bordkarte von Frau Hintersberger ausgestellt?

S. Bergmann, Mailand
I. Berger, London
Ch. Becker, Paris
M. Berger, Singapur

7. und 8. Stellen Sie sich vor, Sie sind Reporter/in bei der „Süddeutschen Zeitung". Schreiben Sie einen Artikel über die Vernissage. Welche Überschrift geben Sie Ihrem Artikel?

Sämtliche bisher in dieser Reihe erschienenen Bände: